Los fósiles,
hallazgos
del pasado

Tom Greve

Rourke
Educational Media

rourkeeducationalmedia.com

www.rourkeeducationalmedia.com

PHOTO CREDITS: Front Cover: © Donall O Cleirigh, Back Cover: © Selahattin Bayram; Title page © Russell Shively, Monika23, Styve Reineck, AleZanIT; Table of contents © Cbenjasuwan; Page 4 © Elena Schweitzer, Pinkcandy; Page 5 © Elena Schweitzer, Anton Balazh; Page 6 © Cbenjasuwan, Marcio Jose Bastos Silva; Page 7 © Yuri Arcurs, Kathy Chapman; Page 8 © AleZanIT, Filip Fuxa; Page 9 © Roger De Marfa, Pablo H Caridad, B.G. Smith, Vladislav Gajic, Falk Kienas, mikeledray, Dreamframer, Jordan Tan; Page 10 © Styve Reineck,Alyssia Sheik; Page 11 © eduard ionescu, Roy Palmer; Page 12/13 © kated; Page 13 © John Lumb; Page 14 © Roger De Marfa; Page 15 © N. Frey Photography; Page 16/17 © Frank Bach; Page 17 © rob3000; Page 18 © Alyssia Sheikh; Page 19 © Ignacio Salaverria, Jerome Scholler; Page 20 © Russell Shively, Alyssia Sheikh; Page 21 © Kieff; Page 22/23 © Natchapon L.; Page 23 © Rich Koele; Page 24 © Cathleen Abers-Kimball; Page 25 © Michael C. Gray; Page 26 © posztos (colorlab.hu), François-André Vincent; Page 27 © Andrea Catenaro Doherty; Page 28/29 © Monika23; Page 28 © Rod Beverley; Page 30 © Steve Richmond, © Bettmann/CORBIS; Page 31 © 6737602580; Page 32 © Alyssia Sheikh, Darwin photographed by Julia Margaret Cameron (1815–1879); Page 33 © Linda Bucklin, Vladimir Sazonov; Page 34 © Guido Akster, dusan964; Page 35 © Kelly MacDonald, Christian Lopetz; Page 36 © Linda Bucklin, Quadel Page 37 © Dorling_Kindersley, R G Meier Page 38/39 © risteski goce Page 38 © 120 |Permiss, http://www.flickr.com/people/65438265@N00 Andrew (fossil reconstruction, Cleveland Natural History Museum Page 39 © Luna04 Page 40/41 © Jon Nightingale Page 42 © posztos (colorlab.hu) Page 43 © Mauricio Antón Page 45 © basel101658, mashvesna, vector_web, Kozoriz Yuriy, dmiskv, Denis Barbulat, PKruger, Alyssia Sheikh

Edited by Precious McKenzie

Cover design by Tara Raymo
Layout by Blue Door Publishing, Florida

Editorial/Production Services in Spanish
by Cambridge BrickHouse, Inc.
www.cambridgebh.com

Greve, Tom
  Los fósiles, hallazgos del pasado / Tom Greve
(Exploremos la ciencia)
 ISBN 978- 1-62717-283-7 (soft cover - Spanish)
 ISBN 978-1-62717-507-4 (e-Book - Spanish)
 ISBN 978-1-61741-984-3 (soft cover-English)

Also Available as:

Rourke Educational Media
Printed in the United States of America,
North Mankato, Minnesota

Rourke
Educational Media

rourkeeducationalmedia.com

Contenido

Cap. 1   Todo el tiempo del mundo 4

Cap. 2   La formación de fósiles: Evidencias
         y rastros de la vida ancestral   8

Cap. 3   La superficie cambiante de la Tierra:
         Estornudando fósiles 18

Cap. 4   Los cazadores de fósiles 24

Cap. 5   Dinosaurios: Los gigantes perdidos   28

Cap. 6   Los mamíferos y la humanidad 38

Cap. 7   El registro fósil: Cronología de la vida
         geológica de la Tierra 40

Glosario 46

Índice 48

CAPÍTULO UNO

Todo el tiempo del mundo

Casi todo el mundo disfruta de una fiesta de cumpleaños. Después de todo, las fiestas de cumpleaños son divertidas. Involucran a amigos, regalos y una torta. Más que nada, las fiestas de cumpleaños marcan el paso de un año de tiempo en la vida de un ser humano.

Pero medir el paso del tiempo para todos los seres vivientes en el planeta Tierra no es tan fácil. Medir el tiempo para todos los seres vivos en toda la historia del planeta es aún más difícil.

Eso es en parte porque un año en la vida de una persona es menor que una fracción de segundo en comparación con la vida del planeta Tierra.

La Tierra existe hace mucho más tiempo que los seres humanos. En otras palabras, el planeta ha tenido muchos cumpleaños antes de que hubiera gente viviendo en ella para celebrar.

Entonces, ¿cómo podemos saber cosas sobre la Tierra de antes de que hubiera gente? Las respuestas están en el descubrimiento y estudio de los fósiles. Los fósiles representan el tiempo, muchísimo tiempo. Son instantáneas que podemos mirar para aprender acerca de la vida **prehistórica** que existió hace un tiempo increíblemente largo.

Algunos fósiles son los restos de antiguas plantas o animales. Algunos fósiles son de plantas o animales que todavía existen.

6

Aunque es imposible saber con certeza la edad exacta de la Tierra, los métodos de **datación** científicos utilizados en rocas demuestran que la Tierra tiene unos cuatro mil quinientos millones de años. Por el contrario, los fósiles de seres humanos modernos se remontan solo a miles de años. Eso deja a miles de millones de años prehistóricos sin testigos humanos. Es difícil de entender cuánto tiempo esto representa.

El eminente científico y experto en fósiles Stephen Jay Gould dijo una vez que si la historia de la vida de la Tierra se representara por el brazo de una persona, la parte del brazo ocupada por seres humanos no sería más que la parte que se corta de una uña. El resto del dedo, la mano y el brazo hasta el hombro, representaría la prehistoria. Casi todo lo que sabemos sobre la vida prehistórica proviene de los fósiles.

Stephen Jay Gould

CAPÍTULO DOS

La formación de fósiles: Evidencias y rastros de la vida ancestral

Un fósil es una impresión endurecida, sello o molde de un **organismo** que estuvo vivo en la Tierra. Las fuerzas y los acontecimientos que forman los fósiles pueden tomar millones de años en pasar.

Amonita

Debido a la naturaleza accidental de la formación de los fósiles, las probabilidades de cualquier ser viviente de convertirse en un fósil son escasas.

Existen dos tipos principales de fósiles. Los científicos se refieren a estos dos tipos como cuerpos fósiles y trazas fósiles. Los cuerpos fósiles son impresiones en las piedras, moldes o rastros dejados por los restos de organismos que vivieron hace mucho. Estos incluyen animales, plantas y personas. A veces son solo una parte del organismo, como los dientes, o un solo hueso. Otras veces pueden incluir un esqueleto entero. Las trazas fósiles, por otro lado, son indicadores fosilizados de vida pero no fueron organismos en sí mismos. Estos incluyen huellas, pistas, huevos, madrigueras e incluso **excrementos** fosilizados dejados por criaturas prehistóricas.

Trilobite

Ejemplos de cuerpos fósiles	Ejemplos de trazas fósiles
Trilobite	*Las trazas fósiles, como las huellas, pueden informar a los científicos sobre el tamaño de la criatura que las dejó y hasta cuán rápido el animal se movía.*
Lambeosaurus	
Fémur de mamut	
Diente de Megalodón	*Huevos fosilizados de dinosaurio*

La forma más común en que un organismo se convierte en un cuerpo fósil se conoce como reemplazo de minerales.

Cuando un animal muere, la mayor parte de su cuerpo decae rápidamente, o es comida por otros animales, o ambos. Los huesos son generalmente todo lo que queda.

Restos fosilizados de Tyrannosaurus rex

Si las fuerzas naturales como el polvo, la suciedad, el agua y el viento pueden enterrar esos huesos, o por lo menos un hueso, entonces es probable que, con el tiempo, pueda formarse un fósil.

Reemplazo de minerales

Minerales penetrando en los huesos

Una vez que un organismo muerto es enterrado, sus huesos y dientes se vuelven porosos y frágiles por la descomposición bacteriana. Lentamente, a lo largo de muchos años, el agua ayuda a los minerales del suelo, como el calcio y el hierro, a penetrar en las partes porosas de los huesos enterrados. Los minerales reemplazan gradualmente al hueso orgánico. Esta acción, que por lo general sucede en el curso de millones de años, endurece los huesos y transforma el suelo alrededor de ellos en roca.

Los restos o huesos de animales, o de organismos muertos, no son propensos a ser enterrados por fuerzas naturales muy rápidamente. Los huesos sin enterrar pueden ser consumidos o deteriorados por **hongos** o **algas**. También pueden ser descompuestos y esparcidos por la exposición a la luz del Sol y el clima severo. Una vez que no queda nada de cuerpo o de los huesos del organismo original, no se puede formar ningún fósil.

Un organismo también puede ser fosilizado de otras maneras. Entre las más espectaculares está la de los insectos prehistóricos que se quedaron atascados en la savia de plantas o árboles centenarios. Una vez enterrados, la savia y el organismo encerrado en su interior, se endurecen y forman el ámbar en el curso de millones de años. El ámbar es transparente, ¡y el insecto fosilizado se puede ver dentro de la roca!

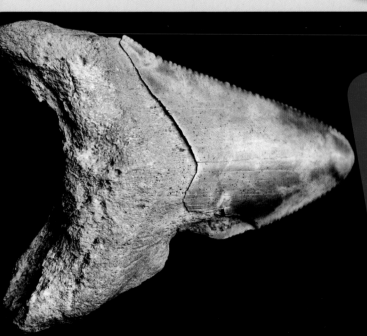

Los dientes fosilizados son todo lo que queda de los tiburones prehistóricos masivos. Esto es porque los esqueletos de los tiburones están hechos de cartílago suave en lugar de hueso duro. Sus esqueletos decayeron como el resto de sus cuerpos, dejando solamente los dientes fosilizados.

Descubrimientos de fósiles espeluznantes

Algunos de los fósiles de dientes más grandes pertenecen a una versión prehistórica del gran tiburón blanco, llamado el megalodón. Basado en el tamaño de los dientes fósiles, se estima que el megalodón tenía entre 40 a 50 pies (12 a 15 metros) de largo y pesaba hasta 48 toneladas (43,500 kilos). Hace siglos, los seres humanos llamaban piedras lengua a los dientes fosilizados debido a su forma cónica.

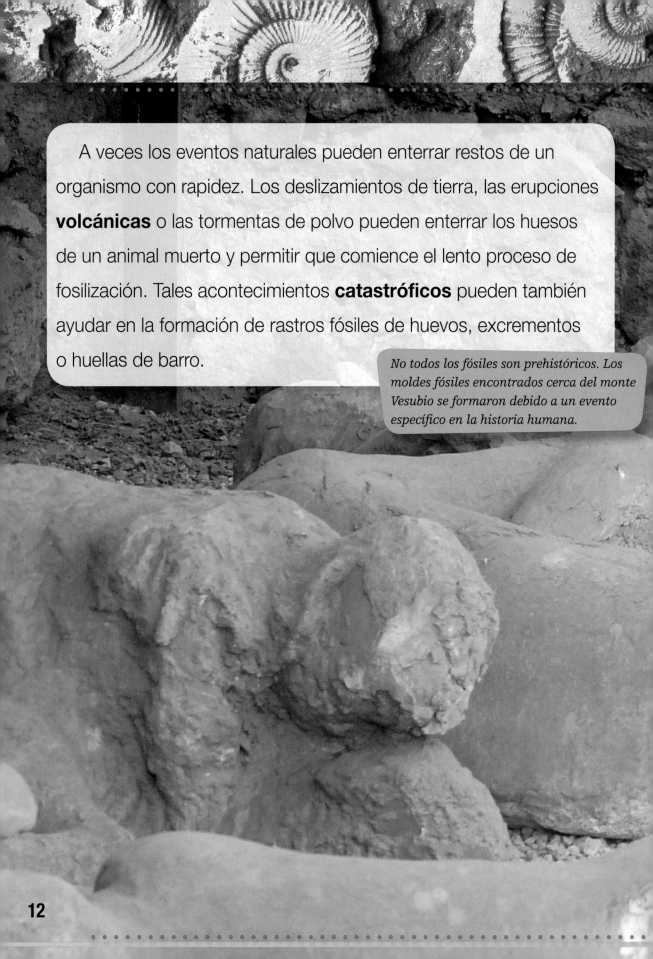

A veces los eventos naturales pueden enterrar restos de un organismo con rapidez. Los deslizamientos de tierra, las erupciones **volcánicas** o las tormentas de polvo pueden enterrar los huesos de un animal muerto y permitir que comience el lento proceso de fosilización. Tales acontecimientos **catastróficos** pueden también ayudar en la formación de rastros fósiles de huevos, excrementos o huellas de barro.

No todos los fósiles son prehistóricos. Los moldes fósiles encontrados cerca del monte Vesubio se formaron debido a un evento específico en la historia humana.

Datos de fósiles espeluznantes

Cuando el monte Vesubio entró en erupción en Italia en el año 79 d. C., la lava caliente y las cenizas volcánicas cayeron sobre la gente en la antigua ciudad de Pompeya. La violenta erupción literalmente enterró a las víctimas al instante. Cuando la ceniza y la lava se enfriaron y se endureció en forma de roca, las víctimas estaban atrapadas dentro. Sus cuerpos finalmente decayeron, pero dejaron cavidades en la roca. Siglos más tarde, se descubrieron esas cavidades. Los científicos llenaron las cavidades con yeso para hacer moldes fósiles de los cuerpos humanos, aún en las poses que adoptaron al morir.

Los organismos que viven en el agua tienen en realidad una mejor oportunidad de convertirse en fósiles que los que viven en tierra. Esto es porque sus restos son más propensos a ser enterrados en los sedimentos cambiantes que caen en el fondo de los océanos o lagos.

Tanto en la tierra como en el agua, una criatura viva solo tiene una baja probabilidad de convertirse en un fósil, una vez que es enterrada.

Se han encontrado muchos más fósiles de organismos que vivieron bajo el agua que de criaturas que vivían en tierra.

Amonita

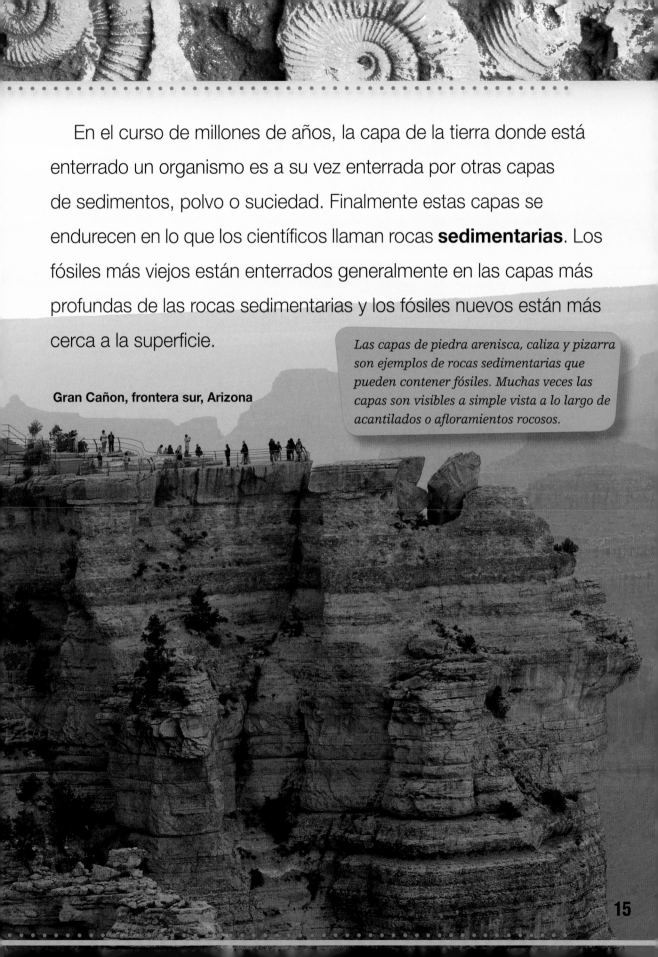

En el curso de millones de años, la capa de la tierra donde está enterrado un organismo es a su vez enterrada por otras capas de sedimentos, polvo o suciedad. Finalmente estas capas se endurecen en lo que los científicos llaman rocas **sedimentarias**. Los fósiles más viejos están enterrados generalmente en las capas más profundas de las rocas sedimentarias y los fósiles nuevos están más cerca a la superficie.

Gran Cañon, frontera sur, Arizona

Las capas de piedra arenisca, caliza y pizarra son ejemplos de rocas sedimentarias que pueden contener fósiles. Muchas veces las capas son visibles a simple vista a lo largo de acantilados o afloramientos rocosos.

15

Algunos fósiles pueden quedar enterrados para siempre. Pero algunos fósiles quedan al descubierto y pueden encontrarse en los bosques, en los lechos de ríos, en las laderas de acantilados, o incluso en el patio trasero de alguien. ¿Cómo puede algo que estaba muerto y enterrado durante tanto tiempo y que se convirtió en un fósil terminar a la intemperie? Eso es parte de las interesantes historias que nos cuentan los fósiles.

El bosque petrificado de Arizona es un ejemplo de organismos vivos enterrados en sedimentos, quizás por una inundación, y luego sometidos a reemplazo mineral lento hasta convertirse en piedra en el transcurso de muchos, muchos años.

Los fósiles contienen información no solo sobre las plantas y las criaturas de la Tierra prehistórica, sino también sobre las fuerzas puestas en función durante millones y millones de años dentro del propio planeta.

Corteza

LAS ROCAS TIENEN RELOJES

DATACIÓN RADIOMÉTRICA:

Las rocas de la corteza terrestre contienen pequeñas cantidades de minerales radioactivos. Los científicos pueden medir el ritmo de cambio radiactivo de una roca, también conocido como su tasa de desintegración, para determinar aproximadamente cuántos años tiene. La medida de la velocidad de **desintegración** es conocida como vida media de la roca. El fechar las rocas por estos patrones de medición temporal radiactivos es complejo, pero puede proporcionar a los científicos una determinación razonablemente exacta de la edad de una roca o fósil. A los científicos les gusta utilizar estos métodos de datación en fósiles encontrados en distintos lugares para aumentar la precisión de las mediciones. El proceso de datación radiométrica es parte de la base de la teoría científica de que la Tierra tiene unos 4,500 millones de años.

CAPÍTULO TRES

La superficie cambiante de la Tierra: Estornudando fósiles

Para que los fósiles emerjan de su entierro, el suelo tiene que moverse. El movimiento puede exponer las capas de roca sedimentaria. Los **terremotos** y las erupciones volcánicas pueden causar que el suelo se doble, se deslice o ceda y se raje repentina y violentamente. Otras veces el movimiento ocurre con el tiempo. Estos acontecimientos, catastróficos o graduales, pueden empujar largas capas de roca sedimentaria hasta la superficie donde los fósiles que contienen pueden quedar expuestos. Esta es la base de lo que los científicos llaman el movimiento de **placas tectónicas**.

LAS PLACAS TECTÓNICAS Y LOS TERREMOTOS

La superficie de la Tierra está constituida por lo que los científicos denominan placas tectónicas. Los puntos que delimitan dos placas se denominan líneas de falla. En ocasiones una placa se mueve por la parte superior de otra placa. Cuando esto sucede, el suelo y las capas de roca sedimentaria en la placa superior son empujadas hacia arriba. En casos extremos, el impulso hacia la parte superior de la placa puede crear, a lo largo de muchos años, afloramientos rocosos o incluso montañas.

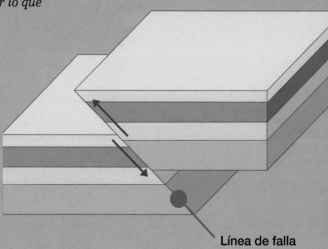

Línea de falla

Las placas tectónicas de la Tierra siguen moviéndose hoy en día. Cuando este movimiento ocurre rápidamente y de forma violenta, como pasó en las costas de Japón en marzo de 2011, el terremoto resultante puede ser terrible y mortal.

Otras veces, el cambio es gradual. Los estudios científicos han demostrado que el Everest, la montaña más alta de la Tierra, aún está creciendo a una pulgada o más al año. Eso es porque la placa tectónica en la cual se asienta está siendo empujada hacia arriba por la placa que avanza lentamente hacia su sur.

Japón

Monte Everest

Mientras el terremoto de Japón dejó la Tierra doblada y rota en muchos sitios, el empuje ascendente del monte Everest es demasiado lento como para ser notado. En cada caso, la Tierra logra empujar las capas de rocas sedimentarias sepultadas hacia la superficie.

Los fósiles más abundantes en el registro fósil son los de las criaturas marinas prehistóricas. Muchos de estos fósiles, como los **trilobites** prehistóricos, se encuentran en tierra firme, cerca del océano más cercano.

A pesar de haber vivido en el océano hace millones de años, los fósiles de caparazones de trilobites se pueden encontrar en toda la parte central de América del Norte.

¿Cómo llegaron aquí? Un tesoro de antiguos fósiles marinos, incluyendo trilobites, puede encontrarse en las capas de rocas expuestas de Burgess Shale, en Canadá. El lugar está alto en las montañas rocosas y a gran distancia del océano más cercano.

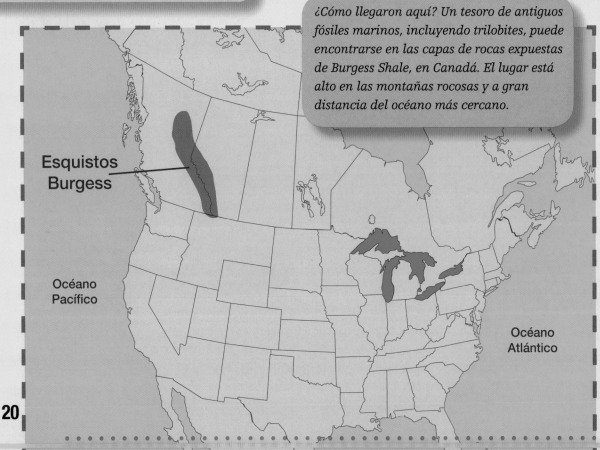

Esquistos Burgess

Océano Pacífico

Océano Atlántico

Los científicos usan estos fósiles **marinos** aparentemente fuera de lugar para **teorizar** acerca de que algunas partes de la Tierra, que alguna vez estuvieron bajo los océanos, ahora están en tierra firme. Esto se conoce como la teoría de la deriva continental. La teoría afirma que el movimiento de las placas tectónicas de la Tierra, hace millones de años, cambió la forma y ubicación de los continentes. En otras palabras, los continentes y los océanos que hoy conocemos estaban en otro lugar y pueden incluso haber estado conectados. Esta teoría explica que los fósiles marinos no se movieron por sí mismos. Por el contrario, se movieron las capas de rocas sedimentarias que contienen los fósiles en el fondo del océano.

Los científicos tienen que seguir buscando nuevos fósiles para encontrar pruebas para apoyar o refutar esta y otras teorías.

Los científicos teorizan que hace 250 millones de años la Tierra tenía un sólo supercontinente. Lo llamaron Pangaea.

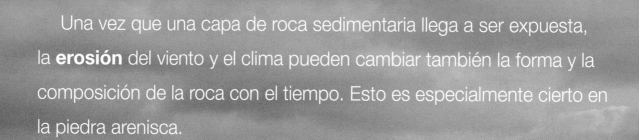

Una vez que una capa de roca sedimentaria llega a ser expuesta, la **erosión** del viento y el clima pueden cambiar también la forma y la composición de la roca con el tiempo. Esto es especialmente cierto en la piedra arenisca.

El Parque Nacional Badlands, en Dakota del Sur, es una extensión de montañas de arenisca erosionadas y crestas de aspecto extraterrestre. Aunque inhóspitas para la mayoría de los seres vivos, las tierras baldías son terrenos fértiles para los cazadores de fósiles.

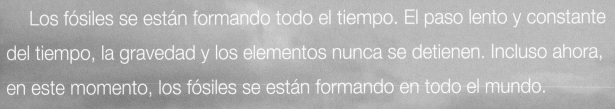

Los fósiles se están formando todo el tiempo. El paso lento y constante del tiempo, la gravedad y los elementos nunca se detienen. Incluso ahora, en este momento, los fósiles se están formando en todo el mundo. Pero para que los fósiles nos puedan ayudar a comprender los tiempos prehistóricos, alguien tiene que encontrarlos.

EL REGISTRO FÓSIL

Todos los fósiles encontrados alguna vez, las capas de roca sedimentaria en la que se formaron y su edad, se conocen colectivamente como el registro fósil de la Tierra. Este registro es fundamental para la comprensión científica de la vida en la Tierra desde la prehistoria hasta la edad moderna.

Muchos fósiles no fueron expuestos por las fuerzas naturales. Los científicos tuvieron que desenterrarlos.

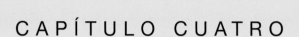

CAPÍTULO CUATRO

Los cazadores de fósiles

La ciencia de encontrar y estudiar los fósiles se llama **paleontología**. El estudio de la Tierra y la historia de sus capas de rocas se llama **geología**. Juntos, los paleontólogos y geólogos trabajan para añadir **especímenes** o muestras al registro fósil. En comparación con la edad de sus temas de estudio, estas búsquedas solo han florecido recientemente como disciplinas científicas.

Los paleontólogos son como viajeros en el tiempo. Se pueden remontar millones de años excavando en las capas de roca sedimentaria de la Tierra para encontrar fósiles.

EL MISTERIO DE LOS FÓSILES A TRAVÉS DE LA HISTORIA DE LA HUMANIDAD

La gente ha estado encontrando fósiles a través de toda la historia registrada. Los filósofos y los historiadores, remontándonos hasta la antigua Grecia, escribieron sobre cómo habían encontrado formas de conchas de mar en las rocas. Históricamente, a la gente le fue difícil entender estos descubrimientos. Algunos pensaban que los fósiles eran fenómenos de la naturaleza o el trabajo de monstruos antiguos. Solo en siglos recientes los seres humanos comenzaron a tener un conocimiento científico de la naturaleza de los fósiles.

No fue hasta el siglo XVI que los científicos comenzaron a proponer teorías de que los fósiles podrían ser los restos de los seres que alguna vez vivieron en la Tierra. Aún más recientemente, los científicos se dieron cuenta de que los fósiles podrían ser los restos de **especies extintas**. Esta idea admitió la posibilidad de que hubo criaturas que vivieron hace tanto tiempo que ningún ser humano existía todavía.

FAMOSO DESCUBRIDOR DE FÓSILES

Georges Cuvier

El científico francés Georges Cuvier fue uno de los primeros científicos que consideró a los fósiles no solo como restos de formas de vida reales, sino de formas de vida que ya no se encuentran en la Tierra debido a su extinción. Su idea fue polémica porque contradijo los relatos bíblicos de que los seres humanos habían estado en la Tierra desde el principio de los tiempos, o el sexto día de la creación. Él es considerado por muchos el padre de la paleontología moderna.

La idea de que los fósiles podrían ser **remanentes** de vida de antes de la existencia de los seres humanos dio lugar a una nueva era de la **paleontología**. En los últimos dos siglos, el proceso de descubrimiento de fósiles y su comprensión ha llegado a incluir al mayor y más espectacular de todos los fósiles: los dinosaurios.

Hoy en día muchos de los mejores museos del mundo incluyen exhibiciones de fósiles de dinosaurios de aspectos temibles como el triceratopos, un gigante herbívoro de tres cuernos que podía crecer hasta 30 pies (9 metros) de largo.

CAPÍTULO CINCO

Dinosaurios: Los gigantes perdidos

Los descubrimientos de fósiles de dinosaurios fomentaron la idea en las personas de todo el mundo de que la Tierra prehistórica era el hogar de formas de vida difíciles de imaginar. Si bien es cierto que todos los fósiles juegan un papel importante en la composición del registro fósil, los fósiles de dinosaurios son únicos debido al tamaño asombroso de estas criaturas y de sus restos fosilizados.

Los descubrimientos recientes de fósiles de dinosaurios han contribuido a crear nuevos niveles de interés popular en la paleontología. Después de todo, no hay nada como un animal prehistórico de tres pisos de altura para capturar la imaginación de una persona.

Los fósiles con huesos como los de un tiranosaurio sugieren que hace tiempo deambulaban por la Tierra monstruos carnívoros feroces. En los últimos 100 años, innumerables historias, libros y películas han popularizado los dinosaurios y han generado más interés que nunca antes en los fósiles y la paleontología.

1902

FAMOSO DESCUBRIDOR DE FÓSILES

En 1902, un joven paleontólogo del Museo Americano de Historia Natural, llamado Barnum Brown desenterró un hueso de una pata enorme en Montana. Resultó ser el primer descubrimiento de fósiles de un Tiranosaurio Rex, el carnívoro más grande y más feroz que ha caminado sobre la Tierra.

El paleontólogo Barnum Brown trabajando en el modelo de un ankylosaurio.

1990

FAMOSA DESCUBRIDORA DE FÓSILES

La paleontóloga Susan Hendrickson encontró al espécimen fósil de dinosaurio más grande de la historia. En 1990, ella descubrió el hueso fosilizado de un dinosaurio que sobresalía de una cresta de piedra arenisca, cerca de las tierras yermas del occidente de Dakota del Sur. Cuando su equipo de científicos desenterró el resto de los huesos, ellos encontraron que el fósil no solo era el fósil de tiranosaurio más grande jamás descubierto, sino también el más completo. Casi 80 por ciento del esqueleto fosilizado del dinosaurio estaba intacto. El fósil fue llamado "Sue" en honor a su descubridora y ahora puede verse en el Museo de Historia Natural Field, de Chicago.

Desde que se puso en exhibición en el año 2000, millones de personas se han maravillado ante el fósil conocido como Sue. El esqueleto tiene 40.5 pies (12.9 metros) de largo y pesa casi 3,982 libras (1.78 toneladas métricas). Es posible que sea el fósil más famoso del mundo.

Los fósiles de los dinosaurios muestran lo que parecen ser cambios en algunas especies en el tiempo. Cuando las características físicas de un organismo o animal parecen cambiar durante muchos años y generaciones, los científicos dicen que las especies evolucionaron o experimentaron una **evolución**.

La comprensión científica de la evolución se ha convertido junto con el registro fósil, en una parte fundamental del estudio de la historia de la vida en la Tierra.

América del Norte

Océano Pacífico

Océano Atlántico

Islas Galápagos ★

América del Sur

La idea de la evolución fue planteada formalmente en la teoría científica de Charles Darwin. Su teoría se basó en sus observaciones de muchos rasgos físicos aislados exhibidos por los animales en hábitats únicos en las Islas Galápagos del océano Pacífico en el siglo XIX.

LA REVOLUCIÓN CIENTÍFICA DE LA EVOLUCIÓN

La teoría científica de la evolución mediante la selección natural de Darwin plantea que los organismos desarrollan naturalmente ciertos rasgos físicos para mejorar su capacidad de adaptación y para mejorar sus posibilidades de supervivencia. Cuando se introdujo por primera vez, la teoría refutó muchas ideas que se habían tenido durante mucho tiempo sobre la Tierra, los seres humanos y la naturaleza de la vida en el planeta. Específicamente, se enfrentó y continúa enfrentándose con algunas creencias religiosas. Los debates científicos sobre partes de la teoría evolucionista continúan hoy en día.

Charles Darwin

Para hacer dibujos de dinosaurios como este archaeopteryx los artistas se basan en sus fósiles.

Los restos fósiles de una criatura prehistórica parecida a un ave llamada archaeopteryx fueron encontrados en Alemania en 1861. Los restos fósiles del archaeopteryx se convirtieron en el centro de atención para el debate sobre la evolución debido a su peculiar conjunto de características: tenía plumas como un pájaro, pero también tenía los dientes y dedos con garras, como un dinosaurio. Las características únicas de este fósil causaron que muchos paleontólogos repensaran la teoría común de que los dinosaurios están relacionados con los lagartos y reptiles modernos. Ahora, muchos científicos creen que algunos dinosaurios están más estrechamente relacionados con las aves modernas.

Parte del proceso científico es actualizar las teorías basadas en pruebas nuevas. Esto es especialmente cierto en la paleontología y el registro fósil. La evidencia de que las aves de hoy en día pueden haber evolucionado de los dinosaurios de dos patas ha surgido de una serie de descubrimientos fósiles que muestran semejanzas entre ellos.

Algunos paleontólogos señalan a la presencia de una espoleta en algunos esqueletos de dinosaurios fosilizados como pruebas de su conexión evolutiva con las aves.

Un fósil notablemente bien conservado encontrado en China en 2001 incluyó las marcas de plumas que cubren el cuerpo entero de la criatura. El fósil se llama dromaeosaurio. La datación radiométrica mostró que tenían aproximadamente 130 millones de años. El fósil proveyó a los científicos pruebas más contundentes aún de que algunos animales prehistóricos podrían haber desarrollado plumas para retener el calor antes de que pudieran volar.

China

Qinghai

Gansu

Shaanxi

Formaciones Dashanpu

Sichuan

Guizhou

FAMOSO DESCUBRIDOR DE FÓSILES

Uno de los paleontólogos más importantes del mundo, el Profesor Dong Zhiming ha descubierto fósiles de más de 20 especies de dinosaurios que eran desconocidas. Hizo importantes descubrimientos de fósiles en las formaciones Dashanpu, en la década de 1970.

El registro fósil muestra que las formas de vida más grandes que existieron alguna vez en la Tierra son los dinosaurios cuadrúpedos, herbívoros gigantes llamados **saurópodos**. Tenían la cabeza pequeña, con dientes planos y cuellos increíblemente largos que les permitieron comer hojas desde lo alto de los árboles.

Guiándose por los huesos fosilizados de una pata, los científicos teorizaron que los saurópodos podían crecer hasta 80 a 90 pies (27 metros) de largo y alzar sus cabezas hasta 50 pies (16 m) para comer.

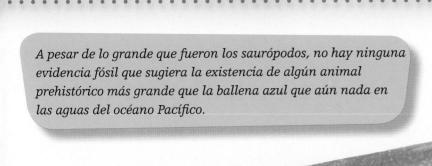

A pesar de lo grande que fueron los saurópodos, no hay ninguna evidencia fósil que sugiera la existencia de algún animal prehistórico más grande que la ballena azul que aún nada en las aguas del océano Pacífico.

El registro fósil muestra que los dinosaurios fueron la forma de vida dominante en la Tierra por más de 100 millones de años. Eso es mucho más tiempo que el que los seres humanos han existido. Pero el registro fósil muestra también que los dinosaurios se extinguieron en lo que se conoce como una extinción masiva hace 65 millones de años. La razón de su extinción es motivo de un debate científico continuo.

¿ADÓNDE SE FUERON?

Las teorías científicas sobre la causa de la extinción masiva de los dinosaurios van desde que fue causada por una enfermedad generalizada, a un cambio climático catastrófico. Una teoría del cambio climático implica a un meteorito gigante chocando contra la Tierra, causando una conmoción tal que la suciedad y el polvo generados en la atmósfera bloqueó la luz del Sol. Esto habría causado la caída brusca de las temperaturas, matando la vegetación y otras fuentes de alimentos. La teoría se basa en parte en la presencia del elemento químico Iridio en algunas rocas del tiempo aproximado de la desaparición de los dinosaurios. El iridio es raro en la Tierra, pero abundante en los meteoritos.

Meteorito

CAPÍTULO SEIS

Los mamíferos y la humanidad

Desde la desaparición de los dinosaurios, los **primates** se han convertido en la forma de vida dominante en la Tierra. Este grupo incluye a los monos, los simios y los seres humanos. El registro fósil sugiere que los seres humanos antiguos, llamados **homínidos**, fueron los primeros primates en levantarse y caminar sobre dos pies, como los seres humanos modernos, en lugar de en cuatro patas, como los chimpancés o los simios.

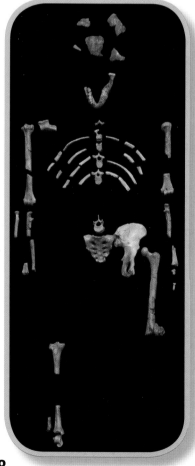
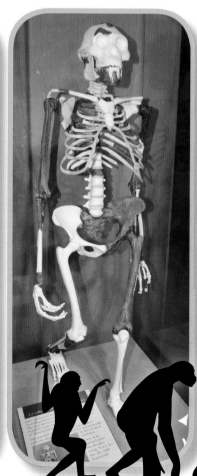

El fósil de un homínido conocido como Lucy fue encontrado en África Oriental en 1974. El fósil data de hace unos 3 millones años. Los científicos lo llamaron Lucy porque pensaron originalmente era el fósil de una hembra, pero los últimos estudios científicos dicen que el género de los fósiles es incierto.

Descubrimientos de fósiles espeluznantes

Aunque los huesos fosilizados de Lucy eran semejantes a los de los simios en cierto modo, suministró pruebas a los científicos sobre el cambio evolutivo de los homínidos. La forma de la pelvis y los huesos de la pierna sugirió que Lucy pudiera haber caminado erguida sobre dos pies. El nombre científico de Lucy es *Australopitecus Afarensis*, que significa "simio del lejano Sur".

Otros fósiles de humanos primitivos muestran evidencias de cambios evolutivos más cercanos a los seres humanos modernos o, como se conoce nuestra especie científicamente, **Homo sapiens**. Los restos de fósiles humanos encontrados en la década de 1850 en el Valle de Neander, en Alemania, mostraron más pruebas de que caminaban erguidos sobre dos pies y de que tenían un cráneo más grande, lo que significa que eran físicamente más similares a los seres humanos modernos que Lucy. Estos ejemplares son conocidos como los **neandertales**, u hombres de la cavernas.

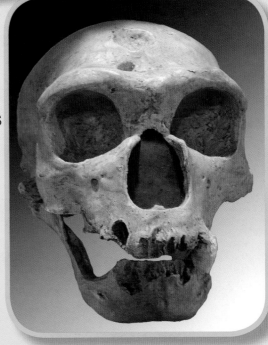

Los fósiles de neandertales son conocidos científicamente como Homo neanderthalensis o, humanos de Neander. Todos los especímenes fósiles datan de los últimos 200,000 años más o menos, lo que significa que vivieron después que Lucy y más cercanos a los tiempos en que vivieron los seres humanos modernos.

CAPÍTULO SIETE

El registro fósil: Cronología de la vida geológica de la Tierra

Desde organismos marinos diminutos de cerca de los albores de la vida en la Tierra, a los seres humanos modernos, el registro fósil narra la historia **episódica** de la vida en la Tierra. Al fechar los fósiles y capas de roca de la Tierra, los paleontólogos, geólogos y otros científicos han logrado un entendimiento rudimentario de la vida en la Tierra a través de millones de años. El tiempo a gran escala se divide aproximadamente en épocas y las eras se dividen en períodos más pequeños.

El registro fósil muestra que la vida probablemente comenzó en el agua con los **invertebrados** simples y que evolucionó en criaturas con conchas. Esto ocurrió durante el fin de lo que los paleontólogos llaman la era precámbrica. Esta época se extiende desde la formación de la Tierra hasta hace unos 540 millones años. La vida en la Tierra durante este tiempo existía solo en el agua.

Algunas formas de vida marina desarrollaron estructuras óseas internas y finalmente escaparon a tierra seca. Estas transiciones ocurrieron durante el Paleozoico, o vida antigua, época que terminó hace unos 250 millones años.

Algunos de los fósiles más antiguos de la Tierra son los estromatolitos precámbricos. Estas rocas en forma de montículo fueron hechas por las formas prehistóricas de algas que se amalgamaron formando capas unas encima de las otras en aguas poco profundas.

La vida en la Tierra dio lugar a la aparición de reptiles de gran escala y el eventual dominio de los dinosaurios. Los dinosaurios desaparecieron en una extinción masiva al final de la Era Mesozoica, o mitad de la vida, hace alrededor de 65 millones de años. La era Mesozoica incluyó tres períodos de tiempo geológico conocidos como el Triásico, Jurásico y Cretácico. Esas fueron las edades de los dinosaurios.

Tanto el tyranosaurio rex como el ankylosaurio vivieron en el período Cretácico.

Entre el final de la era Mesozoica hasta hoy es el periodo de tiempo conocido como la Cenozoica, o vida moderna. Incluye la reciente aparición de los mamíferos terrestres, especialmente los seres humanos, como la forma dominante de vida.

Entre las formas de vida extintas más recientes en el registro fósil están los mamuts lanudos cenozoicos. Estos grandes mamíferos herbívoros tenían colmillos como los elefantes. Su extinción es tan reciente que los restos de los mamuts no se han fosilizado. Incluso algunos han sido encontrados conservados en hielo.

Los seres humanos solo han visto la parte más reciente del tiempo geológico de la Tierra. Gracias a los fósiles, tenemos instantáneas de cómo fue la vida a través de las partes de un periodo de tiempo inmensamente grande. Estas instantáneas fósiles nos muestran no solo las formas de vida en el planeta, sino también los cambios físicos experimentados por el planeta. Estos cambios incluyen el desplazamiento de las placas de la superficie de la Tierra y el cambio de forma y de clima de los continentes. Muchas fuerzas se combinan en la creación de un fósil. Existe la constante fuerza de gravedad y un ciclo incesante del sol, el viento y el agua sobre los restos de un ser viviente, una vez que queda enterrado. También entra en acción la penetración gradual de los minerales en los huesos enterrados. O incluso la violencia esporádica de los cambios tectónicos y los terremotos que alteran las capas de rocas en las que los fósiles se formaron. Pero quizás ninguno de estos factores sea tan importante en la creación física o el entendimiento humano de los fósiles, como la fuerza misma del tiempo.

El registro fósil: Línea cronológica de la vida en la Tierra

Vida reciente: Era Cenozoica

Vida media: Era Mesozoica

Vida antigua: Era Paleozoica

Antes y hasta el surgimiento de la vida: Era Precámbrica

Vida reciente: La Era Cenozoica, desde 65 millones de años atrás hasta hoy. Fósiles notables incluyen mamíferos grandes de la Tierra y los seres humanos antiguos.

Vida media: La Era Mesozoica, de 250 millones de años atrás hasta hace 65 millones de años. Esta época incluye los períodos Triásico, Jurásico y Cretácico. Fósiles notables incluyen todas las especies de dinosaurios y las primeras aves.

Vida antigua: La Era Paleozoica, desde unos 540 millones años hasta hace unos 250 millones años. Fósiles notables incluyen organismos marinos pequeños sin concha y los primeros organismos con huesos que salieron fuera del agua y sobrevivieron en tierra.

Antes y hasta el surgimiento de la vida: la Era Precámbrica, desde la formación del planeta Tierra unos 4,600 millones de años atrás hasta hace aproximadamente 540 millones años. Un período de tiempo enorme y misterioso y en gran medida la época más larga de la prehistoria de la Tierra, el registro fósil Precámbrico es muy limitado. Basados en estromatolitos fosilizados y fósiles de rastro de bacterias, los científicos teorizan que gran parte de la época pudo haber transcurrido sin formas de vida mientras la Tierra se estaba formando. Cuando las formas de vida comenzaron a aparecer, eran probablemente organismos unicelulares que no dejaban fósiles.

Glosario

algas: organismos minúsculos, sin raíces vegetales que crecen en el agua o en superficies húmedas

Australopitecus Afarensis: nombre científico dado a un tipo de criatura prehistórica cuyos fósiles se parecen a los humanos y que revelan que caminaban erguidos sobre dos pies como los seres humanos modernos

catastrófico: sucesos naturales violentos a gran escala como los terremotos

datación: complicado uso científico de minerales radioactivos en las rocas que pueden revelar su edad aproximada

desintegra: se descompone, se pudre o se cae a pedazos

episódica: naturaleza de la vida de algo a través de una serie de eventos

erosión: gasto gradual de una superficie o sustancia por el viento y agua

especies: grupo en el cual las plantas o los animales se clasifican en función de características compartidas

especímenes: muestras o ejemplos que se utilizan para representar un grupo

evolución: cambio gradual de los seres vivos a lo largo de muchos años o generaciones

excremento: residuos corporales

extinto: tipo de animal o planta que ha muerto y ya no existe

geología: estudio de las capas del suelo y rocas de la Tierra

homínidos: seres humanos prehistóricos

Homo sapiens: nombre científico dado a seres humanos modernos

hongos: organismos parecidos a las plantas que no tienen hojas, flores ni raíces

invertebrados: organismos sin espina dorsal ni huesos, como una medusa marina: que tiene que ver con el agua o el mar

neandertal: tipo de humanos prehistóricos, cuyos fósiles fueron descubiertos primero en Alemania

organismo: forma de vida vegetal o animal

paleontología: ciencia de encontrar y estudiar fósiles

placas tectónicas: movimiento de y entre las placas de la superficie
de la Tierra

prehistoria: de o perteneciente a acontecimientos que ocurrieron antes
de que los seres humanos pudieran presenciarlos o documentarlos

primates: grupos de mamíferos inteligentes incluyendo monos, simios
y seres humanos

remanente: piezas o partes de lo que queda de un tiempo anterior

saurópodos: nombre científico de dinosaurios herbívoros masivos
de cuatro patas

sedimentaria: roca formada por capas de polvo, suciedad y otras
sustancias que fueron presionadas juntas por muchísimos años

teorizar: creación científica de ideas basadas en pruebas

terremotos: violentas sacudidas, espasmos o grietas a lo largo de
la corteza terrestre

trilobites: criaturas marinas extintas, sin concha o carapacho, de las
que se sabe que existieron solamente a través de los
descubrimientos fósiles

volcánico: de o que tiene que ver con montañas a lo largo de fallas en
la superficie de la Tierra que pueden emitir roca derretida y ceniza
de las profundidades de la Tierra a través de una abertura

Índice

ámbar 11

archaeopteryx 33

Brown, Barnum 30

cuerpos fósiles 9

Cuvier, Georges 26

Darwin, Charles 32

datación radiométrica 17, 35

dromaeosaurio 35

eras 40-45

erosión 22

evolución 32-39

formaciones Dashanpu 35

geología 24

Gould, Stephen Jay 7

Hendrickson, Sue 30, 31

homínidos 38, 39

Lotita de Burgess 20

Lucy 38, 39

megalodón 9, 11

Monte Vesubio 12, 13

paleontología 24, 26-27, 29, 34

placas tectónicas 18-21

reemplazo mineral 10, 16

registro fósil 20, 23, 24, 28, 32, 34, 36-38, 40-45

saurópodos 36, 37

tierras baldías/ yermas 22/ 30

triceratops 27

tyrannosaurio rex 10, 28-31, 42

Zhiming, Dong 35

Sitios de la internet

www.amnh.org/science/specials/dinobird.html (American Museum of Natural History)

www.paleosoc.org (Paleontology Society)

www.agiweb.org (American Geological Institute)

www.science.nationalgeographic.prehistoric-world (National Geographic)

www.fmnh.org/sue/#index (Field Museum of Natural History)

Sobre el autor

Tom Greve vive en Chicago con su esposa Meg y sus dos hijos Madison y William. Desde su infancia, le han fascinado los fósiles dejados por los dinosaurios y otras criaturas prehistóricas.